Veinticinco raíces de ébano y miel

Veinticinco raíces de ébano y miel

Antonia Avellano Pérez

Círculo Rojo
EDITORIAL

Primera edición: agosto 2024

Depósito legal: AL 2033-2024

ISBN: 978-84-1082-300-6

Impresión y encuadernación: Editorial Círculo Rojo

© Del texto: Antonia Avellano Pérez
© Maquetación y diseño: Equipo de Editorial Círculo Rojo

Editorial Círculo Rojo
www.editorialcirculorojo.com
info@editorialcirculorojo.com

Impreso en España — Printed in Spain

A las raíces de una tierra noble, África,
desde mi corazón de poeta

COLONIZADORES Y COLONIZADOS

(Tiempos de guerra y sangre)

ESCLAVOS DEL LODO Y DEL HIERRO

Aquellas balas que rompieron
vientres nunca sabrían de honor.
Llenaron huecos vacíos
y repoblaron sin temor
nativas tierras donde
apenas un colibrí era capaz de sobrepasar
las barreras del odio.
Se erigieron como centinelas
morados apóstoles fantasmas
para velar sueños negros.
Se taparon bocas sin mordaza
y se calló el hambre oscura
con un grano de trigo
germinado en campos de sangre.
Florecieron las lenguas retorcidas
y se obligó a decir «lo siento»,
a ser esclavos del lodo y del hierro.
A reír tapando las mellas de los cuerpos.
En los oídos el clamor del vencedor
y el llanto del vencido.
Filamentos de sangre inundaron
con creces el umbral de los ojos
mientras que un puñal de acero
cerraba con puntadas salvajes
la comisura de los labios,
como hormigas maltrechas
bañadas de hastío,
embriagadas de linfa.
Una vida por metal,
un sueño por una derrota.
Germinó el algodón blanco

sobre todo lo negro y se dio
paso a la impotencia
de no poder contemplar en libertad
la flor de una planta de yedra
en donde liban las aciagas mariposas.

UN CANTO A LA DESIGUALDAD ENTRE RAZAS

DISCORDIA

Si en nuestra vida hubiera
alguna diferencia
entre lo blanco y lo negro más
allá de la simple diacronía
que nos llevara al pellejo de nuestros ancestros,
diría que seguiríamos atrapados en la misma red que se cebó de la
yuca molida de sus campos.
En un mundo obtuso
de pensamiento, en que un grano de arroz puede crear discordia
con uno de café cuando los dos satisfacen
la panza.
En una lucha constante que no cierra de día
el ojo de las estrellas con el fin de seguir
creando discordia en el universo.

TERNURA AFRICANA
A los nacidos

NANA AFRICANA

Duerme, niño mío, entre el clavel
de Marruecos y el lirio de Mozambique.
Duerme, no temas ya de la mano alba
que mece tu cuna moruna o negra,
que los blancos están ya en otra cosa,
que su voz acallará el sisear de la serpiente.
Quién diría de aquellos tiempos de sangre
en que se mostrará indómita.
Que valiera más el baobab, la kigelia
y un trozo de rasul que todos
los campos de té en la tierra originaria
de colonizadores.
Duerme y no temas, que ahora te
guardan también el león, el elefante
y el camello.
Los campos renovados vírgenes de fríjoles
y de yuca.
Duerme, que atrás quedaron
los tiempos difíciles
en los que valía más
un grano de arena que
la propia identidad,
que las arañas
blancas dejaron de tejer
sus telas infames en multitud
y marcharon una a una
cargadas de credos
y razones.
Duerme, que la mano
que te mece lloró
un día por tu llanto

y no escuchó trompetas
de los que se creyeron
vencedores de una tierra
en la que un grano de café
en tiempos de bonanza
valía más que los cueros
de sus zapatos.

MADRE, DILES A TUS HIJOS

Madre que viste a tus hijos sufriendo
en su propia tierra, cuéntales que
ya no muerde el pez y que la serpiente
arrastró su veneno hacia el occidente
de los blancos.
Peina sus cabellos prietos y trigueños
con tus manos y honra la espina
del pez manso. Déjala descansar
lejos del erizo que sacia su tripa de
espinas y de carroña.
Acaricia sus palmas blancas
libres de carga y perfúmalo
con sándalo o con el aroma del
glorioso lirio.
Repítele una y mil veces que
vive en una tierra libre,
que no tema del elefante blanco
porque los animales aunque
blancos están exentos de
maldad.
Que la pantera, el rinoceronte
y el león no se aplacan con el metal
de los blancos, albo como ellos,
o del oro que le arrancaron
a las entrañas de la tierra,
pero sí con el sonido del
yembé que un día percutió
la victoria de su pueblo.
Que desgarró su piel
mientras se alzaba su bandera
tricolor de sangre, trigo y esperanza.

ORÍGENES DE LA TIERRA QUE VIO NACER UNA RAZA INQUEBRANTABLE

ANCESTROS

Escucha la voz de la tierra,
el fragor del fuego
y el murmullo del río.
Te hablan de tiempos
remotos en el que las zarzas
sollozaban y aullaba el cielo.
Hay que decir que ambos dieron techo y suelo
a nuestros ancestros
que nos unieron a la vida.

Escucha a la luna Kali con su virginal luz
de diosa africana, que sembró nuestras
raíces en un claroscuro
entre los pies de la hierba y el barro.
Escúchalos para saber de tu origen,
de aquel en que los cuerpos se
compraban con un trozo de metal
y los campos perdían ante el grito
de una cigarra lo que fueran sus orígenes.

Escúchalos y también al viento,
porque él es el soplo de los que ya no están,
de los que fueron doblegados a cañón y espada,
y que hoy en libertad honramos.

LA FUERZA DE UNA RAZA

Rojo de sangre derramada en
guerras por aquellos que quisieran
doblegarte con indómito acero.
Que quisieron deshonrar a tus
hembras vírgenes con manos
que no llegaron a tocar
el cielo de Dios
y a tus campos con embestidas
de fusil.
Amarillo de tu rica tierra africana
del preciado color ámbar,
del verde de los baobabs
y de los tallos de las abisinias,
que seguirán un día mi cuerpo hacia
el poblado de los muertos,
negros como los de mi raza negra.
Muertos que no engordaron
los campos desiertos,
porque ellos no se sacian
de la ira de los hombres
que la llevaron bajo sus uñas.
Esos son los colores de mi bandera
que se desplegará un día en un mástil
para rememorar a los héroes
de una tierra con memoria,
en donde el hombre no es pobre
por comer pescado
en un lugar abundante en bueyes.
Donde no hace falta abrazar
porque ya estamos abrazados
desde nuestros orígenes.

LA FUERZA DE ÁFRICA

Las nieves perpetuas del Kilimanjaro
son puramente blancas, pero no escuecen
los ojos.
Y el sol africano es bienvenido
en tierras de cáñamo, hibisco y pizarra
porque calienta los cuerpos desnudos
y hace relucir los cabellos
cual henna poderosa.
La araña blanca dejó
hace tiempo de tejer sus telas blancas
en los ojos de los hombres y de los niños,
y de profanar tumbas y cultivos,
por lo que todo ahora es bienvenido
en tierra de ceniza y betún,
de hombres nobles que
siguen viendo la claridad
en sus ojos negros
a través de un espejo.

AMOR CON SABOR AFRICANO

POEMA DE AMOR AFRICANO

Déjame que te abrace.
Que sienta tu cuerpo
fundiéndose con el mío
en el más puro acto virginal,
que la luna está a punto
de atravesar el horizonte
donde las golondrinas
abigarradas en verde y betún
sueltan sus lágrimas.
Déjame que te abrace
más allá de los campos
que profanaron.
Aquí, al pie de la montaña
casta y nevada que no
doblegó sus cumbres.
Donde crece en libertad el musgo
y lejos de la cueva del león.
Deja que bese tus labios
de láminas de carmín
y que me pierda en la vidriera
de tus ojos, calmantes de aurora.
Donde el sol comienza
a pingar safous
y no llega el canto del gallo en la alborada.

TEXTURAS Y AROMAS
DE UN CONTINENTE

ESENCIA AFRICANA

El negro joven aguarda la lluvia
mientras observa el movimiento
de la caña de bambú por el monzón.
Y el colibrí satisface su sed de rocío
en la palma que le ofrece la hoja de
verde cepellón de esperanza para extender
después sus alas.
La negra joven ríe mientras peina
sus cabellos a la orilla del río.
Ya no se avergüenza, quizá
alguna vez lo hizo y tuvo
que llevarse sus palmas blancas
a la boca, porque la mujer bonita
no enseña mellas
ni la mujer culta dice impertinencias.
El hombre negro, viejo, aunque saciado de hambre
de tiempos remotos,
ya no mira al cielo,
reza a los muertos, mientras que
la mujer negra, vieja, rocía con sal la cabaña
para alejar los espectros de los
blancos, tiende la ropa y muele la yuca.
Los niños negros juegan con pelotas de trapo
donde germina el algodón y en cuyo
subsuelo motean calaveras,
y las niñas pintan
coloretes a sus muñecas
de nudos de esparto sin nariz,
ni boca, ni ojos,
porque en África no se hacen distinciones,
después de que las hiciera
un día el hombre blanco.

NEGRA, COMO TUS NOBLES RAÍCES

MUJER NEGRA

Mujer que canta al día
con cabellos de betún
y con adornos de henna
una dulce melodía
a los pies de un baobab
es mujer que ya no inclina
su cabeza ni sus piernas
al no ser para lavar
en cualquier río del Congo
o del mismo Senegal.
Es mujer que no se apoca,
pues ya no ha de cambiar
el oro de sus orejas
por un puñado de sal.
Es mujer que está contenta
porque a cambio de un salario
su esposo salió a trabajar
y sus hijos en la escuela
aprenden cada día más
las costumbres europeas.
Es la muchacha soltera
que con paciencia espera
perder la virginidad
porque soñó con un pez.
La que un día tachó en un papel
los días que le faltaban
para estar en libertad.

MUJER

En África la mujer es como la savia
en los árboles porque sin ella
estos no existirían.
Tampoco habría
vida si la mujer no existiera.

En cualquier continente la
mujer es como la savia y
sin ella no habría hombres,
ni escuelas, ni almuerzos.

Sin savia no habría hombres,
ni mujeres, porque no habría árboles,
y sin ellos no habría vida,
ni ladrillos rojos, ni posesiones
ni manzana de Adán para pecar.

No habría tumbas ni memoria
secas en calaveras,
tal vez, inertes piedras que no generan vida.
No habría llantos ni fábulas.

En África la mujer es como la savia
en los árboles, porque sin ella no habría
vida y sin savia no habría cocoteros,
ni baobabs, ni acacias,
ni troncos desnudos,
ni melenas de colores,
ni llanto en los ojos,
ni gusanos en las tripas hinchadas.
Solo arcilla seca, luna, sol, piedras
y tal vez peces.

ÁFRICA. VIENTRE DE MUJER

África, eres vientre invertido
de mujer mestiza,
moruna y negra, que
acoges en tus perfiles
el clamor de océanos
y en tu seno la sabiduría
del profeta,
la credibilidad
del mito y el consejo
de la fábula.
Vientre, porque
el vientre es vida.
Es el refugio
que acoge el más íntimo latido
de lo que se engendra,
y tú engendras
cuerpos de risa y llanto,
el empuje cansado de grus
en las lagunas y el del hombre
anciano resignado a quedarse
un día en tu vientre en el más largo
de los letargos.
En la parte de tu vientre
donde siguen aforando los riscos
que no volverán a erigir
apóstoles y crecen las flores.
Donde no los despierte el sonido
del yembé ni de la savia de
la lluvia.
Eres fortaleza del guerrero
y la esperanza del campesino.

La paciencia de la madre
que sigue engendrando
a tu par.
Que acoge ya en tu vientre
a los que nacieron.

CONFUSIÓN EN TIERRA DE SABIOS, PROFANADA

ÁFRICA

África es concierto y desconcierto
porque en ella todo cambia a la
velocidad del rayo.
Los leones se vuelven de fieros
a mansos cuando dejan de atacarlos
los humanos.
Y los hombres celebran la libertad
cuando dejan de ser esclavos.
Los sanatorios se vuelven cárceles
para refugiar en ellas a los que se
pasan con sus doctrinas de sabios.
Y las mujeres que desnudaron sus pechos
intentan después taparlos con kangas
de algodón o cáñamo.
África es concierto y desconcierto
cuando el negro y el indígena se creen blancos
al creer ver sus ojos azules
en la claridad de un charco y
sus cabellos lacios.

DESCENSO DE LA RESISTENCIA

DESCENSO DE LA RESISTENCIA

Una gota de rocío en protea
se seca al sol, ya dejó
de resistirse hace un rato
a la gravedad.
Nunca aspiró a ser algo más.
El minotauro ya no mira desde
el tapiz de la choza que lo acoge.
Se resistió a mirar siempre cañas
cruzadas de bambú, arrancadas
de la tierra. Solo quiso ser leyenda
en los libros o en las voces.
Nunca aspiró a ser algo más.
Las hormigas no aspiraron a nada más
que aprovisionarse para el invierno.
en comuna eusocial.
Ni las serpientes aspiraron tampoco
a ser algo más que les impidiera surcar
la tierra o enrollarse a los cuerpos
vivos o muertos,
pero se vieron sometidas a desenrollar
las lenguas sanguinarias.
Y el carbón nunca pretendió
ser algo más que negro,
ni algo más que carbón,
y fue doblegado a la llama azul.
No se resistió y se convirtió impasible
en cenizas grises.
El hombre negro no se resistió
y vio en los hormigueros alimentos,
hizo fábulas de minotauros,
adoró a la serpiente y se calentó

del carbón doblegado a la llama.
Observó secarse la gota de rocío
en libertad.

COLONIZACIÓN DESALMADA

Llegó la hora del canto
y de la danza
para invocar a la lluvia,
pero nadie lo hizo
en el cabo africano.
Nadie cantó y danzó
porque la lluvia deshacía
las casas de barro
para refugiarse de los blancos
y dejaba con sus
gotas chorreando en los rostros
el aspecto débil del mulato.

Llegó la hora del canto
y de la danza
para invocar a la lluvia,
pero nadie lo hizo
en el cabo africano,
porque los pies se hundían
en los huecos que socavó
el azadón y las aves
parecían menos libres aún
en sus reclamos.

Un día de lluvia, al fin,
era un día casi desnutrido
de sol.
Un derroche de plumas
cristalinas innecesarias, cuando
la tierra estaba empapada desde sus
entrañas de llanto.

QUE NO QUEDE EN VANO

QUE NO QUEDE EN VANO LO QUE HICIERAN Y SIGAN HACIENDO MIS MANOS

Que lo que hicieron un día mis manos
no quede en vano.
Que aún tengo grabadas en ellas
las huellas de bruñir cadenas y
de labrar la tierra.

Que lo que hicieron un día mis
manos no quede en vano,
que pusieron culebras bastardas
en los anzuelos destinados a pescar
peces blancos, y cubrieron mis
mismas cicatrices con ceniza y
escarificaron mi cuerpo.

Que lo que hicieron un día mis manos
no quede en vano, que se levantaron
en oraciones y dieron forraje al ganado
y les crearon *manyattas*.

Que hicieron tejidos de la yuca y collares
de valentía y fertilidad.

Que lo que hicieron un día mis manos
no quede en vano, que tiñeron
de oscuro lo albino y todo
lo blanco, que no fuera la pureza
de la nieve y de las almas,
y ornamentaron pieles de cabra para cubrir
yembés, que percutieron un día
la libertad de mi pueblo.

Que fueron frágiles en las caricias
a la esposa y acunaron hijos.

Que lo que hicieron y sigan
haciendo mis manos no quede en vano.

DESDE NUESTROS ORÍGENES HERMANADOS

Si una vez nacimos hermanados,
por qué nos miramos ahora con
el odio de los blancos,
con ojos fríos como el acero
apretando nuestros puños y
dentaduras.

Por qué luchamos entre nuestros
pueblos y no les tendemos nuestras palmas.

Por qué no escuchamos a nuestros hijos,
vírgenes de soberbia y prepotencia.

Tanto hemos perdido la fidelidad
que un día gobernó a nuestros ancestros.

A rendir homenaje a nuestros vástagos
desde el vientre y ellos desde la cuna.

África, nuestra tierra, nuestro continente,
donde nunca se habían vendido miserias
junto al baobab o la yuca
y ahora ahogan la boca de los hombres
de los peces y de las aves.

Nuestras riquezas son también ahora
miseria, porque fueron profanadas.
Hasta la misma muerte miseria, por ver una
forma diferente de morir en la que
arrancarán el alma a golpes
de fusil o espada.

LA SABIDURÍA AFRICANA

LA SABIDURÍA DE LOS ELEMENTOS NATURALES

Puedo leer en el cielo y en el agua
las letras que le dieron la sabiduría de
los libros al hombre blanco,
porque en África
cada gota de agua es palabra;
cada nube, renglón.

Y nuestro sol y nuestra luna
marcan la prudencia y tienen
la capacidad más poderosa
de descifrar enigmas que inspiraron
a Galileo o a Einstein y que blancos
intentaron plasmar los resultados
entre el verso y el recto, porque
el hombre blanco muchas veces
pierde la memoria.

África es memoria y recuerdo,
y no olvida las voces de nuestros
ancestros, y cada día están
el sol, la luna y las estrellas
para enseñarnos lo importante
del cielo y las marcas de las cadenas
para enseñarnos lo importante
de la tierra.

Cada trino de nuestras aves
en un poema, que los blancos
no saben escuchar y a veces
estrujan su memoria para crear
versos ridículos.

En África no conquistamos
a nuestras hembras con ellos,
porque las mujeres han sido desde
siempre el centro y el futuro
de nuestro continente, y porque
para soltar poemas ya están
los pájaros.

PROFANACIÓN. YO SERÉ

PROFANACIÓN DE LA TIERRA

Para cada blanco
que profane mi tierra
seré mosquito sobre
su cabeza.
La llaga de su piel
que se niega extinguirse.
Su peor sueño.
Seré su arrepentimiento
eterno y la lágrima
tatuada en su rostro.
El moho del pan índigo
que se lleve a la boca.
Por cada blanco
que profané mi tierra
seré la serpiente
que inocule veneno en sus pies.
El espectro de niños negros
mofándose ante sus ojos.
Flecha que se clava
en lo profundo de lo orgullo
y lo desangra y lo abate.
Seré piedra convertida en hierro
de cadenas
el canto del yembé que atormente
sus oídos.
Que nuestros dioses crearon el
agua y la tierra libres, y así
la quiero libre en sus cinco
elementos.

ORGULLO DE RAZA

ORGULLO DE RAZA

Nací negro,
por eso velo por los
sueños de mi raza negra
que un día se volvieron
de luto en nuestras pupilas
y en la parte de la nuca
que los engendra.
Nunca quise ser blanco
porque un blanco
tiene mala memoria
y no recuerda que
ellos o sus ancestros
vararon barcas
de esclavos negros en sus
costas blancas llenas de negros
para almidonar sus dentaduras sucias
de mascar el polvo de nuestra tierra,
negro como nosotros,
como el hollín que a nuestra raza
no nos hace daño,
porque África es negra
y su viento es negro, y su
hollín negro, porque
reduce el albedo
de la nieve impura.
Todo negro, como
la cara de nuestras diosas.
Menos nuestro luto, que no es negro
como el de los blancos,
solo tiene el color de pena y espinas
en nuestras mentes,
fuera de crespones.

RAÍCES

Mujer, tu madre te contó
de sus raíces de la tierra
en que naciste y creciste,
y tú se lo cuentas a tus hijos.
Y así se entienden
cada uno de los pueblos de África.
La voz de las madres en África
es sabiduría y encierra el saber de todos
los libros milenarios que
el hombre blanco estudia
en la escuela.
Es como savia que aguarda
en árbol fértil a que llegue
la madurez de sus retoños
para empaparlos de vida.
El conocimiento es vida
porque destierra la ignorancia
y porque saber no maquilla
realidades.

LA RESPUESTA A LAS PETICIONES SAGRADAS

NO MÁS LLANTO. VENCIERON NUESTRAS SÚPLICAS

África es libre
ya de llanto,
al final nuestros dioses
escucharon nuestras súplicas,
y hoy se escribe otra historia
sobre mi tierra.

La de gentes felices,
con sonrisas sinceras.

La del agua clara.

La de la piedra sagrada
sin deshonra
y el fuego puro.

África es libre ya de llanto
porque el blanco nuevo la
mira con ojos distintos
a como la miraron sus
antepasados.

Mi tierra es ahora el lugar
en donde el hombre negro
quitó la sal que
escocía sus heridas
y la muerte comienza
a ser auténtica cuando
el sol eclipsa al acero
que un día curtiera
con desdén nuestros
cuerpos.

¿POR QUÉ A ÁFRICA?

¿EN QUÉ MOMENTO?

No sé en qué momento
dejamos de apreciar la música
del viento.
En desandar la idea de
que el sonido de la lluvia
era sinónimo de felicidad
para mi tierra, porque
el barro blando nos hundía
más en el lodo y las
camisas impías comenzaron
a adquirir sentido cuando
dejamos de sentir el susurro
de los dioses en nuestros oídos.
Se nos escapó la vida
en el corto estado material
de una larva.
En un punto del acero mal medido
venido en barcos de nostalgia que atraen
la desgracia en las espumas de los océanos.
Se descolgaron nuestros rostros
ante la desconfianza de la cábala
y la bulimia del camello, y recurrimos
a la poesía que nos permitiera llevar
en el bolsillo nuestro último
amuleto de esperanza para saltar
a la última línea de nuestras vidas
donde el poder no guía a los humanos
ni se encallan barcos más allá
del reguero de los muertos.

SANGRE Y SAL

Hubo un tiempo
en que nuestra raza se escribió
con la sangre y la sal
que no enorgullecía a nuestros ojos.

Fuimos niños y nos hicieron creer
en dioses blancos altivos
que cambiaron nuestros sortilegios,
las letras de nuestros cantos a la
luz de la luna y
remplazaron a nuestros dioses
negros.

Dioses que lanzaron dardos
envenenados en la diana de
nuestra tierra y compraron
nuestro sacrificio brillante
de soles y cadenas.

Hubo un tiempo en que
fuimos mayores y no creímos
en la esmeralda corrompida que
brillaba en anillos de orgullo.
Ni en aquellos dioses
que no fueron mito ni fábula,
solo en hermanos de una tierra
inmune y doliente.

TODOS IGUAL

TÚ, YO Y CUALQUIERA AMIGO

Tú, yo y cualquiera amigo
transitaremos algún día
por la misma senda que ahora tememos,
con el mismo aspecto,
casi con los mismos trajes,
ocultando el dolor de nuestras vendas,
con los ojos limpios de ilusión,
y en nuestras manos entrecruzadas
el aroma del sándalo.
Y siendo espectros de carnes desnutridas
y huesos flacos
nos saciaremos
del agua que cae, desandando su ritmo
sobre la piedra agorera,
sobre la que yacen los capullos tempranos
de rosas secas, y descansan en sus trayectos
los cantores mirlos.
Y a lo largo de las fronteras
seremos olivados, amigo;
sin el camino, hasta el sendero
de la fuente de la vida no saciamos.
Si nada en este mundo, salvo el transitar
de nuestros cuerpos cansados dejamos.

Índice